Garfield

D1103550

ALBUM GARFIELD #61

PRESSES AVENTURE

Copyright © 2012 PAWS, Inc. Tous droits réservés.
www.garfield.com
Garfield et les autres personnages Garfield
sont des marques déposées ou non déposées de PAWS, Inc.

Presses Aventure, une division de
LES PUBLICATIONS MODUS VIVENDI INC.
55, rue Jean-Talon Ouest, 2ᵉ étage
Montréal (Québec) H2R 2W8, CANADA
www.groupemodus.com

Publié pour la première fois en 1983 sous le titre
The 2ᵗʰ Garfield Treasury

Dépôt légal — Bibliothèque et Archives nationales du Québec, 2012
Dépôt légal — Bibliothèque et Archives Canada, 2012

ISBN 978-2-89660-524-8

Éditeur : Marc Alain
Traducteur : Jean-Robert Saucyer

Nous reconnaissons l'aide financière du gouvernement du Canada par l'entremise du Fonds du livre du Canada pour nos activités d'édition.

Gouvernement du Québec — Programme de crédit d'impôt pour l'édition de livres — Gestion SODEC

Imprimé à Singapour

AOUF
AOUF

RRRRR

ATTENDS. JE CROIS QUE JE DEVRAIS ME HÉRISSER LE POIL SUR LE DOS, RECULER D'HORREUR ET FUIR DE TERREUR

OU EST-CE : RECULER D'HORREUR, ME HÉRISSER LE POIL DU DOS ET FUIR DE TERREUR ?

OU ENCORE : FUIR DE TERREUR, RECULER D'HORREUR ET ME HÉRISSER LE POIL SUR LE DOS ?

9-21

AH ET PUIS ZUT

VLAN!

JIM DAVIS

VOUS SENTEZ-VOUS PERSONNELLEMENT RESPONSABLE DE LA FAIM DANS LE MONDE ?

LA MARÉE MONTE-T-ELLE CHAQUE FOIS QUE VOUS ALLEZ À LA PLAGE ?

AVEZ-VOUS DÉJÀ MANGÉ UN ORIGNAL EN ENTIER ?

POUVEZ-VOUS VOIR VOTRE COU ?

© 1980 PAWS, INC. All Rights Reserved.

EST-CE QUE LES JOGGEURS TOURNENT AUTOUR DE VOUS POUR FAIRE DE L'EXERCICE ?

SI OUI, BIENVENUE À LA SEMAINE NATIONALE DES GROS !

JIM DAVIS

CETTE SEMAINE, NOUS ALLONS MANGER SANS CULPABILITÉ ET LANCER NOTRE CAMPAGNE D'ADHÉSION

9-7

EN FAISANT AVALER DE FORCE DEUX DOUZAINES DE CRÊPES À UNE PERSONNE MAIGRE

10-5

7

CE FAUTEUIL GAGNERAIT À ÊTRE ATTENDRI

BOING BOING BOING

GRATTE GRATTE GRATTE GRATTE

C'EST BEAUCOUP MIEUX

SPROING

JUSTE AU MOMENT OÙ UN FAUTEUIL MÉRITE TON RESPECT, IL T'ÉJECTE

JIM DAVIS

9-28

AS-TU DÉJÀ EU UN CHAT, LUCIEN ?

8·24

J'AI GRANDI AVEC QUATRE CHATS

ATTENDS...

COMMENT S'APPELAIENT-ILS ?

IL Y AVAIT « CHAT », « CHAT », « CHAT » ET « CHAT »

PAS DE NOMS ?

À QUOI BON NOMMER UN ANIMAL QUI NE VIENT PAS QUAND TU L'APPELLES ?

C'EST VRAI

JIM DAVIS

GRATTE!
GRATTE!
GRATTE!

GARFIELD, QUE DIRAIS-TU SI JE TE DISAIS QUE MON FAUTEUIL EST ENDOMMAGÉ?

JE DIRAIS QUE T'AS RAISON

QUE DIRAIS-TU SI JE TE DISAIS QUE LES DOMMAGES SEMBLENT AVOIR ÉTÉ FAITS PAR UN CHAT?

JE DIRAIS QU'IL SEMBLE EN EFFET QUE CERTAINES ÉCORCHURES SOIENT DUES À DES GRIFFES PERSUASIVES

© 1980 PAWS, INC. All Rights Reserved.

QUE DIRAIS-TU SI JE TE DISAIS QUE NOUS CONNAISSONS CE CHAT TOUS LES DEUX?

JE DIRAIS QUE TU CHAUFFES

QUE DIRAIS-TU SI JE TE DISAIS QUE TU ES LE CHAT QUI A ABÎMÉ MON FAUTEUIL?

JE DIRAIS QUE C'EST UNE POSSIBILITÉ INDÉNIABLE

10-19

QUE DIRAIS-TU SI JE TE DISAIS : NE TE FAIS PLUS JAMAIS LES GRIFFES SUR MON FAUTEUIL?

NO COMPRENDO, SEÑOR

JIM DAVIS

2-8

JIM DAVIS

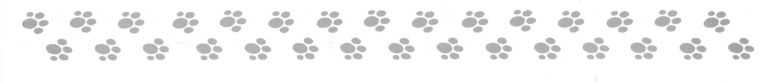

OH, SALUT L'AMI

JE SUIS PERDU

TU ES SI MIGNON !

PEUX-TU M'INDIQUER LE CHEMIN ?

2-1

VA-T'EN MAINTENANT, MINET

QU'EST-CE QUE J'AI FAIT ?

JIM DAVIS

ON VA FAIRE UNE PETITE RANDONNÉE DANS LA NATURE, GARFIELD

SUPER

JiM DAViS

SENS-MOI L'AIR FRAIS DE LA CAMPAGNE

SNIFF ACHOU!

C'EST L'APPEL D'UNE ESPÈCE MOINS CONNUE DE LA FAMILLE DES HÉRONS

AKA, AKA

AKA ÇA FERA

PRAIRIES VERDOYANTES, FORÊTS LUXURIANTES, MONTAGNES MAJESTUEUSES

1-18

© 1981 PAWS, INC. All Rights Reserved.

AS-TU DÉJÀ VU UNE TELLE SPLENDEUR?

ADORABLE

HÉ, GARFIELD, ALLONS FAIRE DU JOGGING

SHOOP

© 1980 PAWS, INC. All Rights Reserved.

JIM DAVIS

AHA!

IIIAOUCH!

GRIFFE

11-16

J'AI ENCORE RATÉ UNE OCCASION DE PENSER AUX CONSÉQUENCES DE MES ACTES...

OH LA LA!
LA JOLIE NANA!

JE LA LAISSERAIS SE
FAIRE LES GRIFFES SUR
MON DOS N'IMPORTE
QUAND

JE ME DEMANDE SI ELLE
AIMERAIT ALLER AU
CONCERT DE MIAULEMENTS
DE LA RUE DU CHÊNE
CE SOIR

SALUT À TOI, GARFIELD

OH, AÏE!
FRANK

JIM DAVIS

11-30

JIM DAVIS

11-23

ALLÔ? L'HÔPITAL PSYCHIATRIQUE?
ACCEPTEZ-VOUS LES CHATS?

HA HA HA HA HA HA HA HA HA HA

HMMM, ÇA ME SEMBLE UN PEU INDOLENT DEHORS AUJOURD'HUI

TU ME PARAIS UN PEU APATHIQUE, GARFIELD

JE PRÉFÈRE VOIR LA CHOSE COMME UN STADE AVANCÉ DE RELAXATION

JE T'EMMÈNE CHEZ LA VET

ELLE A PEUT-ÊTRE UN REMÈDE POUR PARESSEUX

SON ALLANT S'EST EN ALLÉ, DOC

RIEN QU'UN PETIT SOMME NE PUISSE GUÉRIR

UNE PIQÛRE DE VITAMINES DEVRAIT FAIRE L'AFFAIRE

11-2

MAIS VOUS NE L'AVEZ MÊME PAS ENCORE PIQUÉ

C'EST L'INTENTION QUI COMPTE

TAP TAP TAP TAP TAP

JIM DAVIS

CARESSE
CARESSE
CARESSE

JIM DAVIS

PUNT!

6-7

QUE T'EST-IL ARRIVÉ, GARFIELD ?

TU MARCHAIS TRANQUILLEMENT, SANS TE SOUCIER DE CE QUI SE PASSAIT AUTOUR

TU T'ES ARRÊTÉ POUR HUMER UNE FLEUR

SNIFF

QUAND UN CHIEN ÉNORME EST ARRIVÉ DERRIÈRE TOI

BADANG

ET A VOULU TE VIDER DE TA SUBSTANCE

TU AS TELLEMENT RAISON

JIM DAVIS

5-10

BIP
BIP

ALLÔ, INGRID? SI ON SORTAIT ENSEMBLE CE WEEK-END?

OK ALORS LE WEEK-END SUIVANT? OU ENCORE L'AUTRE APRÈS?

PEUT-ÊTRE LE WEEK-END APRÈS CELUI-LÀ? OU L'AUTRE? LE SUIVANT? ALORS DISONS LE WEEK-END APRÈS?

ÉCOUTE, INGRID, SI TU NE VEUX PAS SORTIR AVEC MOI, POURQUOI NE LE DIS-TU PAS?

SLAM!

4-19

JE CROIS QUE J'AI ÉTÉ CLAIR

MÈNE-LES EN BATEAU, PUIS BRISE-LEUR LE CŒUR, HEIN, JON?

JIM DAVIS

N'EST-CE PAS, GARFIELD, QUE LES ANIMALERIES SONT FASCINANTES?

LES MIGNONS HAMSTERS, LES CANARIS, LES POISSONS TROPICAUX

4-12

GARFIELD?

GARFIELD?!

OH, TE VOICI

VIENS, ALLONS DÉJEUNER À LA MAISON

NON MERCI, JE VIENS JUSTE DE MANGER

JIM DAVIS

© 1981 PAWS, INC. All Rights Reserved.

EUH OH. JE NE TRAVERSERAI JAMAIS CE RAYON DE SOLEIL SANS M'ENDORMIR

QUI NE RISQUE RIEN N'A RIEN

4-5 © 1981 PAWS, INC. All Rights Reserved.

Z

POOMP!

VIENS, GARFIELD, ALLONS FAIRE UNE PROMENADE

Z

JIM DAVIS

Z Z

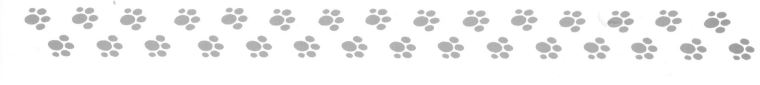

ARRIÈRE, SOURIS. LAISSEZ MES VITAMINES TRANQUILLES

9-20

LES SOURIS SONT PARTOUT

© 1981 PAWS, INC. All Rights Reserved.

JIM DAVIS

QUELQU'UN DEVRAIT LES CHASSER HORS D'ICI

JE ME DEMANDE POURQUOI ELLES VOULAIENT MES VITAMINES

ÇA ME DÉPASSE

HÉ, GARFIELD, DEVINE UN PEU!

IL VA Y AVOIR UNE FÊTE D'ANNIVERSAIRE POUR LE CHIEN D'À CÔTÉ

CETTE BRIQUE DEVRAIT FAIRE UN CADEAU ÉPATANT

BONK

KAÏ

KAÏ

JOYEUX ANNIVERSAIRE, LE CHIEN

8-23

ALLÔ, DOCTEUR? CROYEZ-VOUS POUVOIR SÉPARER CHIRURGICALEMENT MON CHAT D'UN CHIEN?

JIM DAVIS

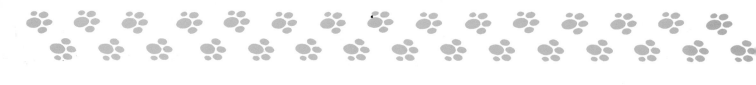

ZUT!

JE L'AI ENCORE FAIT

ME VOICI CONDAMNÉ À MOURIR UNE FOIS DE PLUS. SI JE RESTE EN HAUT, JE MEURS DE FAIM. SI JE SAUTE, JE ME TRANSFORME EN CRÊPE DE CHAT. J'ESPÈRE QUE QUELQU'UN VA VENIR ME SAUVER

ENCORE COINCÉ DANS L'ARBRE, GARFIELD?

AU SECOURS!

TU DONNES UN CONCERT SUR LA CLÔTURE CE SOIR?

LA MUSIQUE, C'EST MA VIE

JIM DAVIS

PARFAIT IL EST LÀ

CE BURGER DE CAOUTCHOUC DEVRAIT NOUS PROCURER QUELQUES BONS RIRES

7-12 JIM DAVIS

CHOMP!

SPROING!

RAOR!

HA! HA! HA!

HI HI HI

GRRRR

ÇA VALAIT LE COUP

PUNT!

BOING! BOING!

BOING! BOING!

CRASH!

JIM DAVIS

JE T'ADORE QUAND TU ES VILAIN

6·14

SALUT, NERMAL

GARFIELD! OÙ EST NERMAL? TU NE L'AS PAS ENFERMÉ DANS LA BOÎTE À PAIN, DIS?

JIM DAVIS

1-10

DIEU MERCI!

NON MAIS, QUEL GENRE D'ANIMAL CROIT-IL QUE JE SUIS?

© 1982 PAWS, INC. All Rights Reserved.

OH, LA FERME, ODIE

ARF

LE TEMPS PASSE LENTEMENT LE WEEK-END

UNE MOUCHE RAMPE SUR LE MUR

UNE DE CES MOU-CHES IRIDESCENTES D'AUTOMNE

LE TEMPS PASSE LENTEMENT LE WEEK-END

C'EST BIEN MON JON. AVEC LUI, L'ENNUI EST DEVENU UNE FORME D'ART

FLICK

JIM DAVIS

AYIEEEEE

Z

Z

11-29

CHAT

LA MÈRE DE JON SAIT PERTINEMMENT COMMENT HUMILIER SON HOMME

CETTE MAILLE DÉFAITE SERA MON PASSEPORT HORS DE CE TRICOT

JIM DAVIS

12·27

© 1981 PAWS, INC. All Rights Reserved.

LIBRE! JE SUIS LIBRE!

CLICK CLICK CLICK

AH, M'MAN

VOUS SAVEZ, CERTAINS ALIMENTS SONT PLUS DRÔLES QUE D'AUTRES

10-18 — JIM DAVIS

LES BETTERAVES SONT DRÔLES

LE FOIE N'EST PAS DRÔLE

LES PRUNES SONT DRÔLES, LES POMMES DE TERRE, NON

LE POULET, ÇA C'EST DRÔLE

QUE DIRAIS-TU DE CORNICHONS ET DE KUMQUATS POUR LE GOÛTER, GARFIELD?

OUA, HA HA!

JIM DAVIS

DANS DIX SECONDES, GARFIELD VA VENIR ME RÉVEILLER POUR LE PETIT-DÉJEUNER

11-8 JIM DAVIS

IL ME TIENDRA L'ŒIL OUVERT POUR VOIR SI JE SUIS ÉVEILLÉ

ENSUITE, IL DANSERA LA CLAQUETTE SUR MA TÊTE

PUIS IL S'ASSOIRA SUR MA POITRINE POUR ME SOUFFLER AU VISAGE JUSQU'À CE QUE JE ME LÈVE!

OK! OK!

QU'EST-CE QUE J'AI FAIT?

TIENS, ATTRAPE, GARFIELD

JIM DAVIS

BON GARS!

JE CROIS QUE J'ENTENDS LE LIVREUR DE JOURNAUX

10-11

MAINTENANT JE VAIS ATTRAPER LE JOURNAL DU MATIN

STUPIDE ÉDITION DU WEEK-END

38 90 54

ALLÔ, GARAGE JOE? POUVEZ-VOUS VÉRIFIER MA VOITURE?

JE VAIS VOUS L'AMENER POUR UN EXAMEN DE ROUTINE

MAIS ON VIENT DE M'EN FAIRE UN

FAUDRA LUI NETTOYER LE SYSTÈME

RESSERRER SES TUYAUX

REMPLACER TOUS LES MORCEAUX USÉS

OH OUI, ET LUI REMBOURRER LES COUSSINETS

JIM DAVIS

GARFIELD?

BOUT DU MONDE

10-4

81

LE DERNIER ARRIVÉ
EST UN RATÉ

TOI
D'ABORD,
POOKY

CULBUTE
ARRIÈRE!

3-21

JiM DAViS

TU SAIS, GARFIELD, TU ES UN CHAT TRÈS CHANCEUX

TU AS À PEU PRÈS TOUT CE QU'UN CHAT PEUT DÉSIRER

TU AS TON SANCTUAIRE

MON REFUGE

TU AS TON OURSON

MON CONFIDENT

TU AS TON CHIEN

MA PLANCHE À FAIRE MES GRIFFES

JIM DAVIS

2-14

ET TU M'AS, MOI, TON COMPAGNON AFFECTUEUX

LA MAIN QUI ME NOURRIT ET NETTOIE MA LITIÈRE